AF603157

LA CENSURE.

« *Romains, taisez-vous*, disait à la tribune aux harangues, Scipion Nasica; *taisez-vous, Romains; je sais mieux que vous ce qui convient au bonheur et à la gloire du peuple romain.* Les sages et dociles plébéiens se turent pour écouter le grave et vertueux sénateur. »

(*Étoile*, 1er juillet 1827.)

PARIS,

A PIHAN DELAFOREST,

IMPR. DE MONSIEUR LE DAUPHIN ET DE LA COUR DE CASSATION.

rue des Noyers, n° 37.

1827.

Le Ministre ;

Le Fanatisme anti-catholique ;

La Politique royaliste à l'égard de la Péninsule ;

Des Journaux à l'occasion du projet de loi sur la Presse ;

Un Homme de trop ;

Un Français aussi au ministère.

La Pairie.

« L'un des attributs naturels du souverain est d'être censé posséder la perfection absolue : le Roi ne doit jamais être jugé capable de faire le mal. Quelque chose que l'on trouve à redire dans la conduite des affaires du gouvernement, le mal ne doit point être attribué au Roi. Sans cela, point d'indépendance pour le trône, indépendance nécessaire aux libertés publiques (1). »

Combien de conséquences dérivent de ces paroles profondes, que les besoins du temps, à mesure qu'ils se manifestent, engagent à exposer, à développer.

Blackstone ne s'adressait qu'aux peuples : en Angleterre, le plus horrible forfait, aussitôt puni par les désastres, ensuite effacé par les remords, avait trop démontré qu'il est funeste au plus haut degré d'attribuer, en quelque cas que ce soit, le mal au Roi.

Blackstone ne parlait point aux ministres, at-

(1) Ces paroles de Blackstone sont extraites du plaidoyer de l'avocat-général dans le procès du *Courrier*. (*Journal du Commerce*.)

tendu qu'il n'y avait point encore d'exemple, qu'il n'était pas même venu à l'idée, qu'un des membres du cabinet fût capable, au moyen de paroles traîtresses, d'induire, d'entraîner cet esprit populaire, nourri de défiance et avide d'inquiétude, à attribuer le mal au Roi.

Mieux instruit par les évènemens, plus avancé dans la triste science de la politique, sa dernière phrase eût été ainsi construite :

« Quelque chose qu'on imagine de faire dans la conduite des affaires du gouvernement, comme tout peut être pris en mauvaise part, peut sembler mal, aucun acte ne doit être attribué au Roi. Sans cela, point d'affection pour le trône, affection nécessaire au maintien de la prérogative royale. »

Plus loin, le publiciste ajoute : « En rejetant tout le mal sur les agens du prince, ceux qui, dans le parlement, blâment leur conduite, doivent employer une grande circonspection, de peur de paraître manquer de soumission et de respect envers le souverain qui a institué ses agens responsables. » (*Même plaidoyer.*)

Lequel passage, si l'éducation du publiciste s'était achevée de nos temps, aurait été exprimé de la manière suivante :

« Afin que le mal ne soit jamais rejeté sur le prince, ses agens qui, dans le parlement, cherchent à excuser leur conduite, doivent emplòyer une grande circonspection, de peur d'exciter à manquer de soumission et de respect envers le souverain, qui ne doit pas être compromis par ceux-là même qu'il a institués. »

Car, en se permettant de couvrir du manteau de la volonté royale un acte quelconque des ministres, c'est exposer grièvement, le Roi, *à être jugé capable de faire le mal;* c'est enlever inévitablement au souverain son attribut naturel, *d'être censé posséder la perfection absolue.*

Voyons donc si ce crime de lèse-majesté, ce crime de lèse-patrie, puisqu'un trône sans peuple, un peuple sans trône, sont choses également absurdes, n'ont pas été commis avec récidive, avec intention préméditée, avec circonstances aggravantes.

A peine peut-on faire un reproche au ministre des vains efforts tentés pour revendiquer l'honneur de l'abolition de la censure et du retrait du projet sur la presse. Dans le système représentatif, le bien comme le mal doivent passer au compte des conseillers de la couronne, malgré que la conscience des cœurs ne se laisse pas tromper sur la source des loyales pensées, des sentimens généreux.

Mais qu'on lise le *Moniteur* et l'*Etoile* du 10 mai, dont les récits sont conformes.

« Quand on veut induire de nos paroles la provocation de l'acte de licenciement, n'outre-t-on pas la chose ? et ne l'outre-t-on pas sous un rapport sur lequel il m'est interdit de m'expliquer.

« Au surplus, la conduite tenue depuis l'ordonnance prouve assez les sentimens, non pas seulement du Roi, dont le nom ne doit pas être prononcé en cette occasion. . . . . . »

D'où il résulte que le ministre s'est expliqué quand il lui était interdit de s'expliquer, et a prononcé le mot qui ne devait pas être prononcé ; reconnaissant et commettant le délit dans la même phrase.

Poursuivons : « C'est comme conseiller de la couronne que je me suis honoré d'avoir conseillé la mesure qui a été prise, sans toutefois l'avoir provoquée.

« Nous croirions avoir manqué à nos devoirs envers le pays, si, dans le cas où cette mesure n'eût pas été proposée, nous ne l'eussions pas proposée et provoquée nous-même. »

En sorte que le ministre, en dépit de l'évidence des faits, au mépris de la fidélité envers son maître, renie nettement d'avoir provoqué la mesure du licenciement, affirme hautement qu'elle a été provoquée en tout autre lieu, par toute autre volonté, et donne ainsi à conclure que la provocation est descendue du trône en façon d'ordre, au lieu de s'élever du cabinet sous forme de conseil.

Or, quand la peine, sur-le-champ infligée, ne porte pas une salutaire répression, le délit qui tourne en profit net, doit se renouveler à toute occasion.

Il faudra que l'être prééminent, que l'être inviolable, après qu'on aura tenté de lui ravir la grace de l'initiative à l'égard des actes de bonté et de justice, soit poussé sur la brèche, soit exposé au devant des traits dirigés contre ses agens responsables.

Le *Moniteur* s'exprime en ces termes (26 juin):

« Le mot de la censure était écrit déja dans la conscience des coupables : les enfans tremblent devant leur *père*.

« Le calme des discussions rendra seul son éclat au règne du *Roi*, de ce Roi le mieux intentionné, et peut-être le plus contrarié qui ait paru sur un trône.

« Le *trône* ne pouvait rester obscurci plus longtemps par ces nuages fantasmagoriques; il a laissé durant la session, à la tribune, le soin de les écarter. Les ministres n'y ont pas manqué.

« Le *trône* acceptait la clarté de la tribune, il repousse les ténèbres ou les fausses lumières du journalisme; et c'est pour cela qu'il ordonne, non pas le silence, mais l'ordre des discussions.

« Le pouvoir *suprême* ne semble attentif, dans chaque ligne de ses ordonnances, qu'à établir des garanties contre la censure elle-même : c'est la leçon d'un *père*.

« Telle est la censure publiée par le *Moniteur* d'hier ; c'est celle qui convient à nos lois, à nos mœurs, à la sagesse du gouvernement, à la bonté du *Roi*. »

Est-ce assez? Non; car il n'y a encore que le sentiment, que la pensée de la personne sacrée qui soient décélés, dénoncés; et l'esprit, le cœur, avant de se décider, ont dû être avisés par le rapport des sens, intermédiaires obligés qui leur transmettent la connaissance des faits.

Rien ne sera omis : lisez l'intimation officielle en date du 22 juin, adressée au *Journal du Commerce*, au *Constitutionnel*, au *Courrier* peut-être :

« Je vous prie de m'envoyer, demain 23, extraordinairement, votre feuille pour le Roi et LL. AA. RR.

« Il est essentiel que je l'aie reçue à cinq heures et demie du matin, pour pouvoir l'expédier par l'estafette pour Saint-Cloud. »

Ainsi, avant la convocation du conseil, les faits et griefs auront été pesés, jugés; ainsi la censure aura été résolue hors de sa présence, à part de son influence. Il ne lui sera resté d'autre tâche que d'homologuer l'arrêt en due forme.

Désormais c'est le Souverain qui propose, qui provoque, sauf au conseil à adopter ou rejeter; c'est le Souverain qui parle, qui agit, sauf au conseil à se taire, à s'endormir.

Et pour que tu n'en ignores, afin que tu n'y sois plus trompée, pauvre France! tu viens de l'apprendre par cette publication, la plus ridiculement, la plus scandaleusement ostensible.

On n'y peut entendre autre chose

Nota. Les fruits de l'arbre du mal ne tardent pas à mûrir, si bien que, dans une brochure nouvelle, se rencontrent ces mots, qui sans doute sont échappés à la plume, et seraient volontiers désavoués, mais que la justice n'est point en droit de poursuivre, à moins de mettre en cause et de punir d'abord le premier coupable, le ministre.

« Et nous Français, Charles X ne nous a plus jugés *dignes de la liberté!* »

« Le noble pair déclare qu'il refusera toujours son adhésion à une disposition législative qui fournirait l'occasion ou le prétexte, d'agiter, dans sa généralité, le grand principe de la liberté de la presse, liberté qui fait aujourd'hui partie du droit public des Français comme la loi salique elle-même.... Il soutient plus fortement chaque jour, qu'il était du devoir des ministres, de proposer une loi spéciale pour la répression plus efficace de la licence, des diffamations, des déloyautés, et des autres délits qui semblent être de l'essence de certains journaux. (Marquis de LALLY, *Etoile du 22 juin.*)

Mais, qu'il y a loin de la conscience de l'homme du pays, à la pensée de l'homme de place! La vraie parole a pénétré jusqu'au fond de tous les cœurs honnêtes, et n'a pu percer à travers la dure enveloppe du crâne ministériel.

Justice! s'écrie le noble marquis; justice! s'écriait jadis un noble vicomte; justice! répond la France éplorée, épouvantée. L'écho répercuté de tous les points, vient se briser et expirer contre les mornes remparts, derrière lesquels se retranche l'arbitraire.

Voyez *l'Etoile*, luminaire qui semblait réservé pour éclairer l'orbe tortueux de nos destinées, et qui vient de s'engouffrer sous les ténèbres de la *Gazette*. Après chaque bribe extraite des journaux, le refrain obligé suit : En voilà assez pour motiver la censure.

Poussez plus avant : faites le récolement comparatif depuis 1822, des passages répréhensibles des journaux, et des poursuites intentées en justice : la proportion se rencontrera peut-être dans le rapport de vingt à un.

Puis, faites le recensement des justes griefs amoncelés pendant deux ans, et enregistrés jour par jour, qui furent présentés à l'appui de l'humble supplique, tendant à obtenir la suspension du *Constitutionnel* et du *Courrier*. Il y avait matière valable pour cent procès et plus; et les condamnations pleuvaient l'une sur l'autre, réprimant enfin la licence qu'a dû enhardir au contraire l'acquittement provoqué.

C'est que le ministre ne voulait point la justice sous le rapport des diffamations, des déloyautés et autres délits; de même qu'à présent, ce n'est point à l'égard de ces points trop frivoles, qu'il veut la censure.

Grace à Dieu, il y a un cri d'instinct, un accent de nature qui trahit l'artifice des complots, qui dévoile le secret des intentions : le *Moniteur* en donne la preuve frappante.

Dans son apothéose de la censure, pas une ligne, pas un seul mot ne tendent à la faire valoir, quant à la répression de la licence religieuse et morale : d'autres soucis tourmentaient l'écrivain officiel. On le voit tourner et retourner sans cesse dans le cercle vicieux que trace autour de l'existence ministérielle, l'ambition réduite au désespoir.

« Des esprits légers et téméraires se sont jetés imprudemment, durant ces trois années, à travers les prospérités du pays.

« Cinq années de liberté de presse, durant lesquelles l'autorité s'est refusée constamment à désespérer du bon sens national......

« Cinq années de travaux laborieusement suivis à travers les difficultés que la licence des écrits suscitait sans cesse autour des projets les plus éclairés.

« Il serait prématuré de replacer sous les yeux les considérans fournis par la presse opposante, et de résumer tout le bien empêché par sa licence.

« Le bien empêché ne peut se reprendre que dans le calme des discussions, dans l'interrègne des partis.

« Quand la tribune se taît, il y aurait de l'imprudence à laisser parler seul et sans frein, un journalisme injurieux et menteur.

« La censure, telle que la voilà, promet des résultats aux vraies doctrines constitutionnelles et à la sincérité des discussions de principes ou de faits.

« De ce jour doivent disparaître de nos controverses politiques, les mensonges, les injures, les alarmes, les calomnies et les romans.

« De ce jour on pourra parler affaire, au lieu d'animer des passions; discuter, au lieu de s'irriter; raisonner, au lieu de s'enflammer.

« Le *Moniteur* ne craint pas de choisir ce jour même pour faire, devant l'opposition, un appel généreux et sincère à la liberté des discussions.

« Le gouvernement promet la publicité pour sa part et dans l'intérêt du pays, en même temps qu'il appelle la censure à son aide contre les factions.

« Les défenseurs du pouvoir, au lieu de calomnies indécentes, auront à repousser des contradictions de bonne foi, présentées sous des *formes spécieuses*.

« L'opposition devrait accepter la *lutte toute légale* qui lui est offerte ici, sur le terrain de la charte.

« Jamais une *discussion sérieuse et polie* sur les actes de l'autorité, sur les motifs qui auront dicté ces actes ne pourra être refusée. »

Voilà comment, avec la plus touchante ingénuité, sont développés les motifs qui ont inspiré, et les moyens que fournira la censure. Voici comment, avec une égale innocence, sont proclamées les fins auxquelles aspire, auxquelles parviendra la censure.

« Le *Moniteur* saura faire l'exposé des bienfaits interceptés; il n'a, pour en frapper tous les regards, qu'à rouvrir ses colonnes, qu'à y rechercher les projets *bienfaisans*, les discussions *lumineuses*, les actes *éclairés* sur lesquels la presse, non point par le despotisme, mais par l'anarchie, a jeté, depuis trois ans, des nuages fantasmagoriques, où des lecteurs prévenus voyaient tout ce qu'il est possible à des imaginations troublées, de voir dans des nuages. »

D'où il appert, au cas toutefois qu'un sens quelconque doive être présumé sous cette amphigourique tirade, qu'avec une discussion polie, sous des formes spécieuses, et dans une lutte toute légale, un ministère bienfaisant, lumineux, éclairé, réussira enfin à faire adopter tout ce qui a été rejeté, peut-être même à faire adorer tout ce qui est détesté.

La censure n'aura pas été stérile.

La liberté illimitée de penser et d'écrire, devint un axiome du droit public, un principe de l'ordre social.... L'Etat, si l'on veut, peut être troublé par ce que peuvent dire les journaux; mais il peut périr par ce qu'ils ne disent pas.... L'autorité devrait plutôt punir pour n'être pas obligé de tant surveiller.... Il faudrait que la justice fît la police, et non pas que la police fît la justice.... La police met à l'individu les fers aux pieds et aux mains; la justice trace autour de lui un cercle qu'elle lui défend de franchir. » (Vicomte de Bonald: 28 janvier 1817.)

Quelques développemens commandés par les circonstances, doivent être donnés à ces éclatantes vérités, en substituant le mot de censure à celui de police; expressions équivalentes.

La censure est préventive et la justice est répressive : La répression se montre équitable et par cela même tutélaire; la prévention se trouve arbitraire et dès lors fatale.

La répression remplit l'office de la prévention,

au moyen de la peine, de la honte qu'elle inflige et dont elle menace. Il est porté respect et foi à la chose jugée : le vulgaire, indécis ou indifférent quant au délit, se sent frappé, convaincu par l'arrêt.

La prévention au contraire, en protégeant le mal contre sa due punition, et restreignant le bien dans sa libre expression; en confondant sous le même anathème les inspirations de l'enfer et du ciel, blase ou fausse le sentiment moral : et de plus, suscite la tentation, provoque l'irritation.

La justice fait la règle; la censure fait l'exception : et l'exception tue la règle vivante, fait renaître la règle éteinte ; elle opère à son détriment, à moins qu'elle n'opère à son défaut.

Il faut que l'impuissance de la règle soit constatée pour fonder la légitimité de l'exception : Il faut que la légalité ait abdiqué pour laver les mesures extra-légales ou ultra-légales, du caractère de l'usurpation.

Cependant la censure est appelée à s'exercer sur deux points; l'un qui n'a été nullement pris en considération, l'autre qui ne devait nullement être pris en considération.

Il s'agit d'abord de la licence proprement dite, telle que cette expression est entendue en français, de la licence scandaleuse, relativement à la religion et au sacerdoce, aux mœurs et à l'ordre public, aux relations extérieures.

Or, sous ce rapport, la justice a-t-elle forfait au devoir, a-t-elle failli au pouvoir? Est-ce vainement que le ministère public, investi du droit d'initiative, chargé de la vindicte judiciaire, de la censure répressive, a dénoncé aux tribunaux cette immensité de faits criminels? Est-ce vainement que sa voix tour à tour tonnante et suppliante, a commandé, a imploré leur condamnation?

La justice était prête, était impatiente : elle attendait; les voix sont restées muettes : elle attendra, la censure seule a la parole.

Iniquité complexe, iniquité combinée dans ses manœuvres, qui d'avance a posé les assises, qui maintenant construit l'édifice.

A l'égard de la licence proprement dite, il y aura à demander au pouvoir, comment il n'a pas fait usage de ses droits, n'a point tenu compte de ses devoirs, pour s'opposer au débordement progressif; pourquoi il a décerné au délit la prime de l'impunité; pourquoi il s'est dépouillé des armes de la justice, et s'est montré sans défense, prétendant se donner ainsi un titre à saisir la massue de l'arbitraire.

Il s'agit ensuite de la licence fictivement dite, autrement qu'elle n'est définie en aucun dictionnaire, de la licence controversiste, relativement à la discussion des actes, à l'appréciation des motifs, à l'investigation des caractères politiques.

Car il n'y a point de réserves, point de restrictions : les actes, les motifs, les caractères, c'est-à-dire, les effets et les causes sont liés d'une chaîne indissoluble, inextricable.

« L'intention doit être fouillée au fond des cœurs, être mise à nu, être exposée sur la scène.... Pour nous, faibles mortels, les égards envers l'homme entraînent des épargnes obligées quant à la vérité. Comment isoler la pensée de la volonté, et la volonté de la conduite? Comment appliquer le fer du blâme aux effets sensibles, sans frapper du même coup les causes secrètes? C'est une nécessité absolue que l'acte soit identifié avec l'auteur, qu'il soit comme personnifié sous son nom. » (*Les scrupules d'un électeur*, 1824).

Paroles trop prophétiques qui ne seront pas reniées après que les évènemens, coup sur coup pressés, ont pris à tache de les justifier depuis trois ans et demi.

Mais cette licence prétendue, c'est-à-dire, la liberté de penser et d'écrire, axiome du droit public, principe de l'ordre social, est en dehors, au dessus de la sphère judiciaire.

Ici, la justice ne peut faire la police, il faut donc que la police fasse la justice; c'est ainsi, ce semble, que le ministre a raisonné.

Il faut entendre le commentaire rédigé sous sa dictée, et transcrit à la suite des ordonnances de censure :

« De bonne foi, où aurait passé le gouvernement de France, si la censure n'avait pas été rétablie après l'horrible licence dont nous avons été les témoins? Encore quelque temps, et ce n'était plus le Roi, ni les Chambres, ni les Corps constitués qui auraient gouverné, mais cinq ou six bureaux des journaux qui devenaient les secrétaireries-d'état d'un pouvoir qu'ils appelaient *l'opinion de chaque jour.* » (*Étoile*, 26 juin).

Qu'est-ce à dire? que le gouvernement aurait passé en d'autres mains, que les secrétaireries-d'Etat eussent éprouvé une mutation, que les ministres se seraient vus congédiés! Quelle horrible licence!

Vienne donc la censure : soudain tout se calme, tout se rasseoit; le ministère est sauvé, et de plus, la France.

« Il est remarquable que la révolution ait fait entendre ses derniers cris de sédition dans ce même Champ-de-Mars, où elle avait manifesté ses premiers actes de puissance. » (*Ibid.*)

Révolution ! sédition! Champ-de-Mars!.... mais à quelle date? Sans doute en 1815, année de désastre et de scandale! Quant à 1827, l'*Etoile* même a entonné le chant de triomphe. (1er mai).

« La censure n'est plus une *question de légalité ;* la loi en autorise le rétablissement; mais elle est restée une *question de prudence*, et cette question ne saurait être résolue avec trop de maturité, car les méprises seraient d'une grande conséquence. » (Marquis de LALLY, *Etoile*, 22 *juin.*)

Sans doute la censure est légale ; mais les motifs qui déterminent, les fins qu'on se propose, peuvent-être illicites, immorales.

La censure est légale sous certaines conditions, à défaut desquelles elle est illégale, déloyale.

La censure est légale ; la peine de mort est légale aussi : le droit existe au même titre, de condamner tout acte à l'échafaud et de commander la censure en tout état de chose.

La censure est légale de droit d'après les dernières lignes de l'article 4, de la loi de 1822 ; mais ces lignes n'expriment que les conséquences ; le principe réside dans les premières.

« Si dans l'intervalle des sessions des Chambres,

des circonstances graves rendaient momentanément insuffisantes les mesures de garantie et de répression établies, les lois des 31 mars 1820, et 26 juillet 1821 pourront être remises immédiatement en vigueur, en vertu d'une ordonnance du Roi délibérée en conseil et contre-signée par trois ministres. »

La censure n'est légale en fait, que d'après ces dernières lignes. La conjonction du *si* est impérieuse : *Si* dans l'intervalle des sessions.... *Si* des circonstances graves rendaient.... *Si* les lois étaient momentanément.... étaient insuffisantes, la censure pourra être remise en vigueur.

Combien de prescriptions, de restrictions, sont contenues dans tous ces mots ! Combien d'inquiétude et d'anxiété respirent dans le dernier mot, *pourra être !*

Le fait seul confère le droit ; tant que le fait n'existe pas en sa plénitude, tant qu'il n'est pas constaté avec évidence, il y a délit.

Et c'est un délit au premier chef, au-devant duquel se jette la loi même, en prescrivant la condition insolite du contre-seing de trois ministres.

Après la question de légalité, vient la question de prudence, vraie et seule question en politique ; car, que les ministres soient punis, un tel exemple, urgent sans doute et nécessaire au salut de nos neveux, sera oiseux et vain à notre égard, ne devant être donné qu'à la veille, qu'à la suite peut-être de la catastrophe.

Il est une vérité étrange en apparence, une vérité encore inédite ou inentendue : quant aux résultats, la perfidie est moins funeste que l'ineptie, l'iniquité que l'insanité (1).

On dit le génie du mal; cette expression est d'un grand sens. Le mal a vraiment du génie : il se dirige vers un but, s'arrête à une limite, se restreint dans une sphère; il a la conscience de ses forces et n'entreprend pas au-delà; il combine avec art, combat sans relâche, et recule ou avance toujours à propos.

Ses desseins s'exécutent avec certitude, avec promptitude, en sorte que la résistance ne s'épuise pas en débats inutiles, et s'assouplit, se soumet sans trop de mauvaise grace. Bientôt, au sein du fait consommé, sous les nouvelles conditions imposées, chaque existence se case, se fixe; c'est un ordre nouveau. Voyez l'empire.

Mais l'œuvre inepte, insensée, fatigue également ses partisans et ses adversaires : les fins sont vagues et variables; les moyens sont inférieurs aux obstacles : il en résulte dans le corps social des tiraillemens, des déchiremens auxquels il n'y

---

(1) *Insanité*, absence, privation de bon sens.

BUONAPARTE (*Dictionnaire de Boiste*).

a point de terme, point de relâche. C'est un chaos. Voyez plutôt le règne du ministre actuel.

Et il est indifférent que l'intention soit ou ne soit pas moralement louable. En politique, la vertu porte le nom de prudence. Vous formez tel vœu, le vœu le plus saint; prenez garde! vos voies sont impropres, vos agens sont indignes, vos efforts sont impuissans : le bien fuit devant vous, le mal vous devance.

Tels sont cependant les caractères de la censure.

Censure, que nous veux-tu? C'est le premier mot à dire, le dernier aussi; car il ne faut pas s'attendre à une réponse : elle ne sait ce qu'elle veut.

Certes, ce n'est pas à l'égard de la licence proprement dite, de la licence morale, que la censure sera efficace.

On met les intelligences sous le sequestre : il est trop tard. Combien de trésors en ont été enlevés! Combien d'immondices y sont entassées! Le cordon sanitaire n'est apte qu'à hâter le terme de la corruption, qu'à repousser les secours de l'art.

On n'atteint, ni sous la presse, ni en magasin, les livres dangereux qui prennent d'autant plus de faveur; on frappe seulement les journaux, que la justice se chargeait de réprimer.

Laissons de côté la véritable licence : est-ce donc qu'on y songeait ?

Il n'est question que de la licence fictivement dite, de la licence politique : à cet égard, le *Moniteur* est naïf.

Or, qu'entend-on obtenir ?

L'ambition n'aspire-t-elle qu'à couler, à glisser sous ces têtes tourmentées de soucis cuisans, quelque moëlleux édredon imprégné de la vertu somnifère ? Grande erreur !

Vainement la folle présomption et la passion aveugle s'imaginent travailler à plaisir le sol du cerveau, et passant la herse, puis le rouleau, espèrent détruire toute végétation. Tant de soins n'empêcheront pas de germer et de percer, les vivaces semences du vrai, du juste, que répandit la main du Créateur.

La liberté illimitée d'écrire, dont un célèbre publiciste proclama les titres, noble plante que gênait peut-être la ronce stérile, devra à sa sainte vigilance d'en être débarrassée, et se couvrira des fleurs les plus brillantes, des fruits les plus savoureux.

On n'a pas toute honte bue ; quelque pudeur se faufile dans les actes, en dépit de l'intention ; et le mal, au moment de venir à maturité, avorte.

Il ne fallait pas installer, dans le conseil de surveillance, ces personnages qui, chargés d'âge et de renom, afin que la postérité respecte leur mémoire prête à lui être léguée, donneront l'exemple de la respecter eux-mêmes.

Déja, voyez la *Quotidienne*, le *Constitutionnel*; celle-là qui n'a rien perdu en franchise, celui-ci qui a gagné en décence : sont-ils moins formidables? épouvantent-ils moins? Alors, que le *Moniteur* se taise.

Les prétentions s'élèvent-elles à corriger, à ramener, à gagner l'opinion? quelle folie!

Les gens ne savent donc pas ce que c'est que l'opinion, et comment elle allie la récalcitrance à la perspicacité?

La censure donne de l'humeur, mauvais signe, fâcheux présage : l'humeur entend de travers. Prenez un Démosthènes, un Fénélon, et à ces deux êtres prêtez un même organe. A quoi sert-il, si l'oreille est fausse?

La censure laissera-t-elle parler? Le blâme, la critique, porteront d'autant plus d'effet : on lira au-delà de ce qui est écrit, on déchiffrera les sous-entendus.

La censure fera-t-elle taire? Le silence démontre tout ce qu'il laisse supposer : on ne rêvera que complots, que périls; on ne couvera que haînes, défiances, répugnances.

Mais les trompettes officielles sonneront sans cesse. Tant pis mille fois!

Le nombre en a été réduit ; elles seront embouchées par un seul virtuose peut-être : qu'importe s'il a une mauvaise embouchure, s'il ne rend que des tons aigres et durs, s'il ne garde pas la mesure.

Or, depuis les projets de septennalité et de conversion jusqu'au projet sur la presse et à l'ordonnance de censure, sauf l'exception de la mesure du licenciement, dont le thème n'a paru susceptible d'aucun commentaire, il faut le dire, dans les colonnes officielles et officieuses, le *non-sense* va en *crescendo*.

Et quand on parlerait au mieux, on parle seul, on se parle à soi-même : point de débat, point de discussion, point de conviction.

Mais l'ordre, le calme, l'absence peut-être, des controverses politiques, assoupiront, affaisseront l'esprit de parti ; bientôt il n'y aura qu'un cri : *Vive le ministre !*

Pourquoi pas ? le passé s'efface et l'avenir effraie : tel ministre que ce soit, peut se réintégrer dans l'opinion.

Seulement qu'il fasse un choix entre ces conditions obligées : qu'il conforme ses actes à ses paroles et accommode ses paroles aux vœux, aux besoins ; ou bien qu'il justifie, qu'il réhabilite le silence par une succession d'actes nobles et utiles.

Le silence et les paroles se valent bien : les actes seuls comptent, seuls ils sauvent ou ils perdent. Et doit-on penser mieux sans conseil, vouloir mieux sans critique, marcher mieux sans lumière.

La censure cessera de plein droit un mois après l'ouverture de la session.... elle cessera pareillement de plein droit le jour même d'une ordonnance de dissolution de la Chambre (*Loi de* 1822).

Les mots de plein droit, deux fois répétés, sont assez significatifs : la liberté est de droit commun, la censure est en dehors ; c'est la règle et l'exception. Le cas d'exception venant à cesser, la règle est rétablie par le fait seul.

Et l'exception n'est légitime que si, dans l'intervalle des sessions, des circonstances graves rendaient momentanément insuffisantes les mesures légales, c'est-à-dire s'il y a nécessité et urgence, s'il y a péril flagrant.

Jamais loi ne prit tant à cœur de confirmer le droit commun ou la règle, de préciser le seul cas d'exception : et jamais le droit commun, la règle, la loi, ne furent ainsi violés.

Il a fallu que les arrêts de la colère, dont les considérans seraient trop honteux à enregistrer, intervinssent. La loyauté prohibait, la prudence proscrivait, l'ambition qui ne répugne jamais à ce qui la sert, répugnait à ce qui l'expose au lieu de la servir.

En outre de ce que les conditions imposées à l'application de la censure sont sévères et restreintes, les intervalles, les limites de temps prescrits à son exécution, sont tellement combinés, tellement calculés, qu'aucun complot n'est à même d'en faire usage, d'en tirer parti.

A peine la mesure pourrait prêter quelque repos, quelque répit; et le repos ne durerait qu'un instant, n'arriverait qu'à l'époque où il arrive naturellement; le répit, bientôt rendu au terme, serait suivi d'une crise d'autant plus terrible.

Le ministre a-t-il entendu se donner du bon temps? un condamné aurait aussi beau jeu à se gorger d'opium, la veille du jour fatal?

Non; c'est plutôt quelque velléité de coup d'Etat qui a passé par l'idée, qui circule de tête en tête, promettant plus qu'elle ne peut tenir.

Qu'est-ce qu'un coup d'Etat? On en parle fort, trop peut-être; on ne s'entend pas.

Il y a des coups d'Etat, sous les monarchies absolues, dans l'absence de toutes institutions. En France, la révocation de l'édit de Nantes, l'établissement des parlemens Maupeou, sont des coups d'Etat; en Russie, l'installation de l'empereur actuel, en Turquie, la destruction des janissaires, sont des coups d'Etat.

Un coup d'Etat n'est pas essentiellement opposé aux institutions : il peut s'opérer dans leur sphère même, sous leur empire ; il peut être légal. Son caractère propre consiste dans l'extension ou la restriction inusitée, extraordinaire, des rapports existans entre l'Etat et ses membres, entre le prince et les sujets, entre la cité et les citoyens.

Le licenciement fut un coup d'Etat, la censure est un coup d'Etat: la dissolution d'une Chambre et l'altération de l'autre seraient des coups d'État.

Sans doute, c'est cela qu'on veut ; et comme la nuit est favorable aux songes, la censure a reçu la charge de faire les ténèbres.

Rien de mieux pour aujourd'hui, rien de pis pour demain. Quel réveil se prépare? A l'instant désigné en rêve pour se mettre à l'œuvre, la censure cesse : le jour renaît étincelant de clarté, versant un torrent de lumières amoncelées pendant la durée de l'éclipse.

Alors viennent les regrets, les remords. A quoi donc ont servi les coups d'Etat contre la force dévouée, contre la plume éclairée? Ils devaient favoriser la main mise du ministère sur les pouvoirs constitués : ils n'auront réussi qu'à les exciter à la vengeance, qu'à les rallier à l'opinion.

On sait trop quels députés enverront les collèges ; on conçoit comment les anciens pairs ébranlés sur leurs sièges, comment les nouveaux pairs à peine assis à demeure, ceux-là irrités, ceux-ci effrayés, se détacheront, se retourneront aussitôt.

Le ministre est parvenu à se perdre; à vrai dire il ne lui était laissé que le choix entre les modes, entre les époques.

Les coups d'Etat entraînent les coups d'Etat, ainsi que se succèdent les accès de fièvre, d'abord intermittente, puis continuë, toujours avec redoublement.

C'est leur effet certain d'animer les adversaires, d'attiédir les partisans, d'aliéner les neutres, en sorte qu'au moindre recul, à la première pause, les forces ennemies se précipitent, et tout appui, toute défense s'évanouissent.

Que faire donc? percer en avant, forcer le pas, brusquer et compliquer les manœuvres, frapper coup sur coup, frapper à droite et à gauche. Les temps ne sont plus d'observer, de peser et méditer; si frêle qu'elle soit encore, nulle chance propice ne se laisse entrevoir qu'à travers les hasards.

Désormais il y a nécessité à tenter le sort; la sagesse, la prudence, commandent de se jeter d'écarts en écarts, d'excès en excès.

L'aplomb étant perdu, si le mouvement s'arrête, si même il ne s'accélère pas, il faut tomber.

L'avenir s'ouvre sous ces présages.

Le dédain va trop loin. Rarement l'homme fait la place; et toujours la place fait l'homme. Posez les plus petites gens du monde autour de la table du conseil; ils seront faits hommes d'Etat.

Observez seulement qu'il en est de différentes sortes; le genre se subdivise en espèces. Il y a l'homme d'Etat sous les rapports de la politique intérieure et étrangère; n'en parlons pas; trop de personnages se croiraient insultés.

Il y a l'homme d'Etat, quant aux besoins, aux intérêts de l'existence personnelle : on peut en parler sans qu'il faille écrire le nom au bas du portrait.

La vérité révoltera, sera peut-être repoussée; c'est pourtant dans ce dernier que la sagacité, la profondeur, la prévision se développent au plus haut degré; c'est à ce dernier qu'abstraitement parlant, devrait plutôt être attribué le titre de grand homme.

Nous voilà de retour en France, à Paris, près des Tuileries : voyons ce qui s'y est passé, cherchons ce qui doit s'y passer.

Le temps marche, poussant ce qui vit vers la décrépitude, et portant ce qui naît à la maturité. D'une part la force s'affaiblit, de l'autre la faiblesse se fortifie, chaque jour se raprochant du niveau, bientôt se tenant en équilibre, puis renversant la balance.

Tout ministre est soumis à de telles conditions; et d'autant qu'il est plus clairvoyant, plus prévoyant, d'autant il est disposé à appliquer la méthode de compression, à cette opinion qui croît et grandit de jour en jour; à essayer, quant à son pouvoir, qui s'affaisse et s'applatit au même degré, quelque procédé de rénovation.

De là viennent le licenciement, la censure; de là viendront la dissolution d'une Chambre, l'altération de l'autre : tentatives obligées, mesures intimement liées.

Doivent-elles s'accomplir au gré des espérances? La question est difficile, est indifférente à résoudre.

Pour le pouvoir qui se met en opposition, contre le cours naturel des choses, le succès n'offre qu'un intervalle de repos, n'apporte qu'un retard de ruine : un court laps de temps remet tout au même état; quelque peu plus tôt ou plus tard, le péril est prêt à fondre.

Ici, le géant du despotisme et le nain de l'arbitraire, dans les orbites tellement disproportionnés de leurs sphères, se montrent sous des phases identiques.

C'est qu'il y a entre eux similitude parfaite, sur le point capital. « Deux signes caractérisent l'aberration des facultés intellectuelles, soit de reculer et fuir devant les destinées qui nous poursuivent, soit de franchir et dépasser les barrières que nous impose la nature des choses. » (*Le Ministre*, pag. 7.)

Passez du géant au nain ; rappelez-vous Moscou, Leipsick. Et bien que la pudeur empêche de désigner les ignobles traits qui représentent ces traits éclatans, prenez sur vous de les comparer en silence.

Est-ce donc que les aigles dites impériales, si la victoire et la paix les avaient installées sur les remparts du Kremlin, eussent replié leurs ailes, et devant l'espace ouvert en Orient, se fussent arrêtées dans leur vol.

Non sans doute : le vaporeux horizon de la gloire n'offre point de borne, de limite aux regards troublés d'un Alexandre, d'un Atila : celui qui se risquait sur une mer de glace, enflé par le triomphe, allait s'engloutir dans les déserts de sable, ou se briser contre la muraille de la Chine.

Ambitieux du champ de bataille, ambitieux de la table du conseil, abattez vos ennemis, poussez vos conquêtes, foulez l'univers aux pieds ; c'est un leurre de plus en plus enivrant, que vous jette le démon. Voilà l'abîme ! ailleurs, point de repos.

L'ère de gloire, l'ère d'intrigue, doivent aboutir en la même façon.

Déja n'est-ce pas la campagne de 1814, qui se

joue sur le théâtre de la politique ministérielle ? Voyez comment les héros respectifs contre qui toutes les forces se rallient, de tant de craintes empruntent du courage, sur tant de risques, asseoient l'espérance; voyez comment ils se donnent à la fois, l'avantage de s'esquiver aux attaques, et la chance d'effrayer par les manœuvres.

Brienne, Craonne, Saint-Dizier, ces trois pointes d'un triangle démesuré, projettent et croisent leurs ombres fidèles sur la carte des guerres de cabinet. Bientôt se répétera sous d'autres formes, le mouvement rétrograde vers Paris, suite naturelle, conséquence finale d'un triomphe ravi aux noirs destins : puis, surviendront les transactions honteuses, la démission forcée, l'expulsion irrévocable, afin que rien ne manque au parallèle.

Mais, grand Dieu ! puisse-t-il entrer dans l'ordre de tes impénétrables décrets, qu'en ces temps, ainsi qu'en 1814, l'étoile de la dynastie française, qui jadis semblait éclipsée, qui maintenant est voilée peut-être, reparaisse sur nos têtes, brillante de la plus vive, de la plus douce lumière, pour ne s'obscurcir, ne s'éteindre jamais.

POST-SCRIPTUM, 16 juillet.

« Je ne doute point que des lords et des membres des communes, volontairement ravalés jusqu'à des fonctions de censeurs, ne fussent admonestés par leurs Chambres respectives. » (*Du Rétablissement de la Censure*, p. 14).

Qui sait? La loi anglaise est formaliste, bien que libérale, dit-on; certaine de sa justice et de sa force, elle ouvre un vaste champ aux libertés, elle élève un mur d'airain au-devant de l'arbitraire.

En France, nous sommes si neufs : il étonne peu que des cœurs honnêtes se soient laissé séduire par l'espérance flatteuse de régulariser, de moraliser la censure.

S'ils réussissent, il y aura à se glorifier; s'ils échouent, il n'y aura qu'à se retirer.

La censure doit-elle accomplir la double vocation de réprimer la licence, de protéger la liberté? Après des épreuves peu équivoques, une nouvelle va être faite.

Il est hors de doute que les deux écrits sur la pairie, sur la censure, se verront accueillis par les journaux royalistes, ainsi que les précédens; et quiconque prétendrait qu'ils n'ont pas de droits à cette faveur, serait un fourbe ou un niais.

S'ils sont privés de toute publicité, la censure est jugée.

IMPRIMERIE D'A. PIHAN DELAFOREST,
rue des Noyers, n. 37.

www.ingramcontent.com/pod-product-compliance
Ingram Content Group UK Ltd.
Pitfield, Milton Keynes, MK11 3LW, UK
UKHW022003260726
13994UKWH00004B/1919

9 782329 367101